AF555159

ÉLOGE HISTORIQUE DE MAXIMILIEN *DE BÉTHUNE,* DUC DE SULLY, *GRAND-MAITRE DE L'ARTILLERIE,* MARÉCHAL DE FRANCE, *ET PRINCIPAL MINISTRE* DE HENRI IV.

Né pour tous les emplois, il eut tous les talents.
Volt. Henr.

A LA HAYE, *& se vend*
A LYON,
Chez BENOIT DUPLAIN, Libraire, grande rue Merciere.

M. DCC. LXIII.

AVERTISSEMENT.

L'Eloge de Sully, proposé par l'Académie Françoise, étoit sans doute le sujet le plus intéressant qu'elle pût offrir à une nation qui sait admirer les talents & les vertus. Quel plus noble usage de l'Eloquence, que celui de célébrer les bienfaiteurs de la patrie ? mais qu'il est difficile de louer dignement un homme au dessus de tous les éloges ! Entraîné par cet enthousiasme qu'inspire aux ames sensibles le récit des actions des grands hommes, plutôt que conduit par le sentiment de mes propres forces, j'ai entrepris un ouvrage qui demandoit du génie. Je me suis flatté que, soutenu par le zele dont j'étois animé, il ne me seroit pas impossible d'obtenir quelques suffrages.

AVERTISSEMENT.

J'ai espéré qu'embrasé de ce feu que l'amour de la patrie fait naître, je pourrois arrêter quelques instants les regards de mes concitoyens. Sans prétendre à la couronne académique, j'ai osé croire que le Tribunal éclairé qui la décerne applaudiroit à mes efforts; mais détourné par des devoirs d'état, il ne m'a pas été possible d'achever ce Discours assez tôt pour qu'il pût concourir. J'en fais hommage au Public: puisse-t-il au moins approuver le sentiment qui me l'a fait écrire!

ÉLOGE HISTORIQUE DE MAXIMILIEN *DE BÊTHUNE*, DUC DE SULLY,

Grand-Maître de l'Artillerie, Maréchal de France, & principal Ministre de Henri IV.

ROME décernoit aux héros les honneurs du triomphe, ses places étoient ornées des statues des grands hommes ; & les grands hommes, & les héros se multiplioient dans son sein. La France, plus sage encore, éleve des monuments plus durables aux vertus ; le temps qui détruit les marbres & les bronzes, respecte les éloges accordés à ces ames sublimes qui se sont occupées de la gloire & du bonheur de leur patrie ; ils dureront ces éloges aussi long-temps que l'héroïsme, les lumieres & la sagesse trouveront des admirateurs.

L'Histoire auroit sans doute conservé dans ses fastes les noms des Saxe, des Daguesseau, des Dugué-Troüin ; mais célébrés par l'Éloquence, ils reçoivent d'elle un éclat nouveau : elle peint lorsque l'Histoire ne fait que raconter ; la force de ses traits, la chaleur de ses tableaux éleve les cœurs, & les embrase de l'amour des vertus. O divine Eloquence, redouble aujourd'hui tes efforts ! un sujet digne de toi se présente ; c'est la conduite, ce sont les actions de Sully que tu dois retracer.

Guidés par l'amour de la patrie, je vois les talents répondre aux vœux de ce Corps respectable de citoyens, la lumiere des Lettres, & la gloire de la France. Les Orateurs accourent en foule, la palme leur est offerte; l'enthousiasme les anime; tous s'empressent à la mériter, tous s'empressent à louer dignement le puissant génie auquel nous devons peut-être la splendeur de notre Empire, (a) qui joignit dans tous

(a) Si l'on considere l'état déplorable dans lequel se trouvoit le royaume après le regne infortuné de Henri III, on jugera facilement qu'on ne hasarde pas une vaine conjecture, en disant que c'est peut-être à Sully que nous devons la splendeur dont la France jouit. Dans des circonstances aussi difficiles, non seulement il falloit un grand Roi, mais encore il étoit nécessaire que ce grand Roi fût secondé par un grand homme. D'ailleurs personne n'ignore que c'est dans le livre *des Economies royales* que Richelieu, Mazarin, & Colbert ont puisé une partie des grands principes qu'ils ont mis en usage.

les temps la qualité de ſujet fidele à ſes grandes qualités, & qui fut admiré comme guerrier, plus encore comme Miniſtre.

D'une main timide je porterai auſſi quelques fleurs dans le Lycée qui retentira de ſes louanges. Je ne me flatte pas que l'hommage que je rendrai à ſa mémoire perce la foule, & ſoit jamais remarqué ; mais du moins j'aurai la ſatisfaction pure d'avoir entrepris un ouvrage auquel mon cœur ſe ſera attaché, j'aurai montré le zele que tout citoyen doit ſentir pour la gloire de ſa patrie.

Il eſt grand ſans doute de tirer ſon nom de l'obſcurité, & de le rendre à jamais célebre ; mais combien n'eſt-il pas difficile de ſoutenir l'éclat d'une haute naiſſance ? une longue ſuite d'ayeux, qui tous ont été couronnés par la gloire, imposent la nécessité de marcher sur leurs traces. Sully le comprit dès qu'il fut en âge de penser, & bientôt il surpassa ses ancêtres.

Attaché dès sa plus tendre jeunesse au sort d'un Roi dont les François n'entendent point prononcer le nom sans être émus de tendresse, souvent il partagea ses dangers, toujours il eut part à ses triomphes. C'étoit où le péril étoit le plus apparent qu'il voloit par préférence. Sa valeur toujours la même, toujours brillante, étoit accompagnée de cette tranquillité qui caractérise le vrai courage, & qui fait les héros. D'abord simple (*b*) Volontaire dans les troupes de Henri, il fut bientôt remarqué par un Prince qui cherchoit le mérite, & savoit le récompenser.

(*b*) En 1576. La même année Sully entra dans la Réole à la tête de cinquante hommes, & il défendit ensuite Perigueux & Ville-neuve.

Chargé de défendre des places, ou de ſoumettre des villes, toujours il donnoit des preuves de ſon zele & de ſon intrépidité. Mais pourquoi louer en lui des qualités que l'honneur & l'amour de la gloire placent dans le cœur de tous les François ? cherchons plutôt à le peindre par des qualités qui lui furent plus perſonnelles. Plus un homme fut au deſſus du vulgaire, moins il eſt beſoin de relever tout ce qu'il a fait d'éclatant.

Un Roi véritablement grand ne donne ſa confiance qu'à de véritablement grands hommes. Il diſtingue dans la foule qui l'environne ceux qui ſauront ſeconder ſes vues, ceux qui pourront lui en ſuggérer de nouvelles, ceux enfin qui joignent au mérite rare d'imaginer des projets vaſtes & utiles, le mérite plus rare de les exécuter ſans faire le malheur de perſonne. Tel fut Henri IV ; & ce fut à Sully qu'il se fia sans réserve.

Dans ces temps orageux où la France se déchiroit de ses propres mains, Sully tantôt soldat, tantôt Ministre, & toujours également utile, dans les combats étoit un héros, dans les affaires étoit un sage. Il quittoit les camps pour aller négocier dans les Cours, il revenoit dans les armées pour contribuer à la victoire. A cette journée à jamais fameuse, à cette bataille (*c*) où

(*c*) Ce fut le 20 d'Octobre 1587 que la bataille de Coutras se donna ; elle commença à neuf heures du matin, & finit à 10. Le Roi de Navarre remporta la victoire la plus complette. Il ne perdit que très-peu de monde : il resta cinq mille des ennemis sur la place, & on leur fit cinq cents prisonniers ; le Duc de Joyeuse, & Saint Sauveur, son frere, furent du nombre des morts. L'artillerie du Duc de Joyeuse étoit désavantageusement placée, & ne fit auçun effet ; celle du Roi commandée par Sully fit un ravage affreux, & fut une des principales causes du succès de la bataille. Le Grain dit que le premier

l'on vit d'un côté les forces du Roi de France réunies ſous les ordres de ſon favori le plus cher, & de l'autre des troupes peu nombreuſes, mais diſciplinées, mais commandées par Henri, Sully avec une artillerie bien différente de celle que nous traînons aujourd'hui, avec deux canons & une ſeule coulevrine, met le déſordre dans les bataillons ennemis; il fait voler l'épouvante & la mort.... l'armée de Joyeuſe n'eſt plus.

Après avoir ſervi ſon Roi la foudre à la main, il le laiſſe au milieu des trophées, mais il le laiſſe pour lui rendre des ſervices plus ſignalés encore : l'Etat eſt perdu ſans reſſource ſi le Roi de France ne s'unit pas avec le Roi de

---

coup de canon emporta ſept Capitaines du régiment de Picardie. Après le combat le Roi embraſſa Sully, & lui dit : „ Vos pieces ont fait merveille, & je n'ou-„ blierai jamais le ſervice que vous m'avez rendu.

Navarre. Sully veut empêcher ſa ruine ; mais de quelle difficulté n'eſt pas une pareille entrepriſe ? le caractere foible de Henri III la remplit d'obſtacles. Prince eſclave ſur le trône, il n'oſe briſer ſes fers, & s'arracher des mains de ſes ennemis ; cependant la vérité dont Sully eſt l'organe ſe dévoile enfin à ſes yeux, ſon eſprit s'éclaire, ſon cœur ſe ranime, le courage y renaît, Henri III redevient un Roi, & ce Roi Sully l'a créé. Il s'empreſſe de porter à Henri cette grande nouvelle ; ce Prince l'embraſſe & le ſerre dans ſes bras ; les courtiſans l'entourent, ils font retentir les airs de ſon nom, & les expreſſions manquant à leur enthouſiaſme, ce n'eſt plus que *le Dieu Roſny* (*d*) qu'ils l'appellent.

Les deux Monarques trop long-temps diviſés ſe réunirent enfin ; le peuple par

(*d*) Ce trait eſt copié des Économies royales.

des cris de joie répétés mille fois célébra une réconciliation que la grandeur & la félicité de l'Etat devoit ſuivre ; le Roi de France & le Roi de Navarre marchent de concert, ils raſſemblent leurs armées ſous les murs de cette ville immenſe, trop criminelle alors, mais qui depuis par ſon amour pour ſes Rois a expié les fautes dont le fanatiſme l'avoit rendu coupable. Paris fut aſſiégé, & Henri III redevenu lui-même reparut aux yeux des François le héros qu'ils avoient autrefois admiré. Tel qu'un jour dont le matin brilla d'une lumiere vive & pure, dont le midi fut obſcurci par des nuages, & qui reprit ſon éclat avant que les voiles de la nuit ſe fuſſent répandues, ce Prince avoit d'abord montré des vertus qui s'étoient éclipſées enſuite, & qu'il faiſoit reparoître lorſqu'un monſtre plongea le poignard dans ſon ſein.

Après cet événement funeste, Henri vit autour de lui les obstacles se multiplier. Abandonné d'une partie des siens, (*e*) foiblement servi par l'autre, ne pouvant même compter sur les Princes de son sang, la situation dans laquelle il se trouvoit, exigeoit une de ces ames fortes qui jamais ne se laissent abattre, elle demandoit une constance supérieure aux revers. Henri avoit ses talents, ses vertus & son courage ; il avoit un ami, j'ose le dire, aussi grand dans son genre qu'il l'étoit dans le sien. Aidé de ses conseils, & secondé de son bras, il forma la résolution la plus étonnante qui fut jamais ; avec un petit

---

(*e*) Le Maréchal d'Aumont persuadé par Sully, détermina la plus grande partie de la Noblesse à ne pas abandonner son Roi ; mais le Duc d'Epernon se retira, & fut suivi par les troupes qu'il commandoit, & par ceux que de honteux intérêts ou de faux scrupules engagerent à l'imiter.

nombre de ſoldats, qu'il n'étoit même pas en état de payer, il entreprit de ſoumettre la plus belle monarchie de l'univers : ce n'étoit pas des Perſans plongés dans la molleſſe qu'il ſe propoſa de vaincre, c'étoit une nation belliqueuſe dont la valeur fut dans tous les temps l'admiration du monde, une nation que l'honneur & la gloire animent dans les combats, qui brave la mort, & ne craint que la honte. Cependant trop foible pour continuer le ſiege de Paris, le Roi le leve & ſe retire. Mayenne le pourſuit ; le combat d'Arcques s'engage, & Mayenne eſt vaincu. Sully toujours ſur les traces de ſon maître parut un héros même à côté de Henri. Mais un plus grand ſpectacle ſe préſente à mes yeux, je vois les drapeaux flotter ſur ces plaines que l'Eure fertiliſe, je vois deux armées qui me rendent vraiſemblable ce que l'Hiſtoire

raconte

raconte des batailles de Darius & d'Alexandre ; le Roi d'un côté s'offre à mes regards suivi d'un petit nombre de soldats, de l'autre les Ligueurs paroissent avec des forces innombrables : mais comme le héros de la Grece, celui de la France a ce génie qui décide la victoire, il a des troupes animées par son exemple, & des Capitaines formés par ses leçons. Déjà commence le carnage ; d'Egmont, ce jeune lion que la gloire enflamme, porte le désordre autour de Henri ; Henri le répare, & d'Egmont l'y reporte de nouveau : Sully, le valeureux Sully, qui combat auprès de son maître, tombe frappé d'un coup de lance ; il se releve, & reçoit encore deux profondes blessures. Peuples jaloux des vertus de la France, admirez malgré vous ce que peuvent & l'honneur & l'amour pour son Roi sur le cœur d'un François. Sully perd son ſang, il coule de trois bleſſures; mais il conſerve le même courage, il combat juſqu'à ce que de nouveaux coups le confondent parmi les morts. (*f*) Quel moment pour lui, lorſque revenu d'un long évanouiſſement, il apprit que ſon maître avoit triomphé ! quel moment pour le meilleur & pour le plus grand des Rois, lorſqu'il retrouva Sully, & qu'il n'eut plus à craindre pour les jours de ſon ami ! c'eſt le titre que ce bon Prince lui donnoit de préférence,

(*f*) La bataille d'Ivry ſe donna le 14 de Mars 1590, dans une plaine entre l'Eure & l'Iton. Sully y fit des prodiges de valeur ; il y reçut ſept bleſſures, & reſta ſur le champ de bataille confondu parmi les morts. Il n'eſt point de grands hommes ſans quelque foibleſſe. Il eut celle de ſe décerner à lui-même les honneurs du Triomphe : il entra dans le château de Roſny avec un cortege bizarre, dont on peut voir la deſcription dans les Mémoires de Sully, & dans les Vies des hommes illuſtres de la France.

titre qui ſans doute eſt le plus flatteur qu'un ſujet puiſſe obtenir de ſon Souverain, mais qui honore le Souverain lorſque c'eſt à des Sully qu'il l'accorde. Quel homme en effet que celui qui jouiſſant de la confiance & de l'eſtime de ſon Roi, lui donne chaque jour de nouvelles raiſons de l'aimer & de l'eſtimer davantage ! quel homme que celui qui né avec la ſupériorité du génie, n'a jamais qu'un même objet, la gloire de ſon maître ! quel homme enfin que celui qui fait plus que d'expoſer tous les jours ſa vie pour le Monarque qu'il chérit, qui fait parler la vérité dans un ſéjour d'où preſque toujours elle eſt bannie, qui fait entendre la voix de la raiſon à un cœur qui voudroit n'écouter que la voix de l'amour, qui ne craint pas d'être en butte aux vengeances, à la haine, & aux fureurs des paſſions, lorſqu'il eſpere d'arracher un héros à ſes propres foibleſſes ! (*g*) Eſclaves de la faveur, courtiſans vulgaires, qui ne devez l'éclat & les bienfaits dont vous jouiſſez qu'à vos lâches complaiſances, qu'à vos baſſes flatteries, de pareils ſentiments, trop au deſſus de vous, vous paroîtront ſans doute romaneſques & bizarres ; ce ſont pourtant ceux de l'auguſte vertu. Rois, ce ne ſeront point ſeulement vos largeſſes, ni les graces que vous accorderez,

---

(*g*) Les démêlés de Sully & de Gabrielle d'Eſtrées ſont connus. L'on ſait tous les efforts qu'elle fit pour le perdre, & on ne ſe laſſe jamais d'admirer cette belle réponſe du Roi à Gabrielle : *Je me paſſerois mieux de dix maîtreſſes comme vous, que d'un ſerviteur comme lui.* La Marquiſe de Verneuil, plus artificieuſe encore, porta contre Sully des coups plus dangereux, mais auſſi inutiles. Elle avoit forcé Henri IV à lui ſigner une promeſſe de mariage ; le Roi fit voir cet écrit à Sully, qui par un mouvement de zele qui n'a point d'exemple, le mit en pieces.

qui vous feront trouver ces hommes rares, pénétrés d'amour pour leur Souverain, qui surmontent plutôt la nature que de cesser un seul instant de le servir : souvent les dons font des ingrats, souvent les graces font des traîtres ; mais l'amitié, mais la bonté vous donne des amis & des sujets sans cesse occupés de votre gloire.

Sully dont les blessures ne sont point encore refermées, & qui peut à peine se soutenir, lorsque l'honneur lui permet d'attendre sa guérison dans le repos, & que la raison le lui ordonne, vole cependant sur les pas de Henri, & le suit dans toutes ses entreprises : lui qui par sa valeur s'est déjà fait la réputation du plus brave des hommes, lui qui n'est plus emporté par l'impétuosité de la premiere jeunesse, lui qui connoît la voix de la sagesse, & qui suit les leçons qu'elle dicte, qui peut lui faire braver les périls auxquels la fatigue l'expose ? quel motif le conduit ? l'amitié. Sentiment sublime, ô divine amitié, tu ne fais pas seulement le bonheur de ceux que tu enflammes, tu leur acquiers encore l'admiration du monde ; tu fais des héros & des demi-Dieux.

Il sembloit que les années se succédassent pour offrir des spectacles dans lesquels Sully jouoit toujours des rolles dignes de lui ; chaque occasion dévoiloit son mérite ; chaque circonstance faisoit paroître en lui des talents nouveaux. Le même homme qui s'étoit fait admirer dans les combats par la valeur & par le génie, qui avoit montré tant de supériorité dans une Cour dont les irrésolutions, les intrigues, & la foiblesse, rendoient presque toujours infructueuses les mesures les mieux concertées, fut encore celui que Henri, qui vouloit plutôt gagner les cœurs que les forcer, crut propre à faire rentrer ses sujets dans le devoir.

(*h*) Attaché au Roi par penchant, éloigné de lui par foiblesse, le Cardinal de Bourbon, qui s'étoit fait chef de parti contre son gré, fut le premier ramené. (*i*) L'Amiral de Villars, dont

---

(*h*) Le Cardinal de Bourbon, pendant quelque temps fantôme de Roi sous le nom de Charles X, étoit à la tête de la faction qu'on nommoit le Tiers Parti. Il étoit entiérement gouverné par l'Abbé du Perron, depuis Evêque d'Evreux, & ensuite Cardinal. Cet Abbé passoit pour l'homme le plus éloquent de son siecle : Sully par une éloquence mâle & pleine de raison, lui persuada de ramener le Cardinal dans le parti du Roi. Ils furent toujours unis ensemble ; & quoique de Religion différente, Sully ne contribua pas peu à lui faire obtenir le chapeau de Cardinal, qu'il desiroit avec passion.

(*i*) Les Historiens s'accordent à peindre l'Amiral de Villars comme un homme rempli de candeur, de générosité, & de bonne foi. Il défendit Rouen avec l'intrépidité du plus valeureux soldat, & avec toute l'intelligence du Capitaine le plus consommé : peut-

la droiture & la franchiſe formoient le caractere, fut contraint de céder à la droiture & à la franchiſe. Il vit qu'en traitant avec lui l'on n'employoit aucun de ces moyens que le génie & la vertu dédaignent ; il reconnut que Sully, trop ſupérieur, trop vrai pour ſe ſervir de ruſes & de détours, avoit la bonne foi pour guide ; & il devint le ſujet le plus fidele du héros qu'il avoit toujours admiré. (*k*) Guiſe marcha ſur ſes traces, & ce fut encore à Sully que l'avantage en fut dû : avantage ineſ-

---

être n'auroit-on jamais réuſſi à s'emparer de ſa place, s'il ne l'avoit remiſe lui-même au Roi. Depuis ſon accommodement avec Henri IV, ce Prince n'eut point de ſujet plus fidele. Il fut tué à la journée de Dourlens.

(*k*) La Ducheſſe de Guiſe, mere de Charles de Guiſe dont il eſt ici queſtion, étoit depuis long-temps amie de Sully ; elle traita avec lui pour l'accommodement de ſon fils : & Henri IV ratifia le traité, quoique les habitants de Rheims, dont Guiſe étoit Gouverneur, ſe fuſſent ſoumis d'eux-mêmes.

timable, puiſque l'exemple de Guiſe fut ſuivi par la plus grande partie des chefs de la Ligue, & bientôt par Mayenne (*l*) lui-même.

Les François ceſſerent enfin de plonger leurs mains dans le ſang des François, le frere laiſſa vivre ſon frere, les horreurs des guerres civiles n'affligerent plus cette nation aimable & bril-

(*l*) Ce fut au château de Monceaux, en 1596, que le Duc de Mayenne eut ſa premiere entrevue avec le Roi. Il lui accola la cuiſſe, & après l'avoir aſſuré de ſa fidélité; *Je remercie Votre Majeſté*, lui dit-il, *de m'avoir délivré de l'arrogance eſpagnole & des ruſes italiennes.* Le Roi après l'avoir relevé, cauſa familiérement avec lui; mais il marchoit à ſi grands pas, que Mayenne également incommodé par ſon exceſſif embonpoint, par une ſciatique, & par l'extrême chaleur, ſouffroit horriblement, ſans oſer cependant le témoigner. Le Roi s'en apperçut, & lui dit d'un air riant, & en lui frappant ſur l'épaule; *Touchez-là, car pardieu voilà toute la vengeance que vous recevrez de moi.* Le Duc pénétré de tant de bontés, jura qu'il le ſerviroit déſormais contre ſes propres enfants: &c. &c. Tiré en partie des Mémoires de Sully, & en partie de Péréfixe.

lante, née pour les Arts, les plaiſirs, & les actions d'éclat; cette nation qui fut quelquefois coupable, que le fanatiſme dans des temps d'ignorance & d'ivreſſe put bien porter aux plus condamnables excès, mais à qui le crime eſt odieux, mais qui par ſon amour, par ſon zele à ſervir ſes Rois, a réparé les forfaits que le démon de la diſcorde lui fit autrefois commettre. Les peuples réunis chérirent un Monarque qui vouloit être leur pere, ils accorderent leur amour & leur eſtime au ſage qui lui ſuggéroit les moyens de les rendre plus heureux, ils ſe rangerent ſous les drapeaux de leur Roi, & ne combattirent plus que pour vaincre leurs véritables ennemis.

Il eſt un préjugé faux & commun, entretenu par la rareté de ces génies qui réuniſſent les talents qui ſemblent devoir s'exclure; on ne croit point que le guerrier qui connoît toutes les parties de cette ſcience vaſte & compliquée qui donne des défenſeurs & des trophées à la patrie, ſoit propre à la rendre heureuſe par une adminiſtration ſage & éclairée. Malgré les efforts de l'orgueilleuſe & jalouſe médiocrité, que ce préjugé s'anéantiſſe ; qu'on reconnoiſſe que la Nature n'eſt point bornée dans ſes ouvrages. Sully nous offre le ſpectacle étonnant d'un homme auquel elle accorda tous ſes dons. Placé dans le Conſeil orageux des finances, on l'y vit tel que le rocher eſt au milieu des tempêtes ; expoſé tantôt à l'adreſſe, tantôt à la furie des paſſions, il reſte ferme, rien ne peut l'ébranler ; vainement cherche-t-on à le ſurprendre, vainement voudroit-on l'intimider ou le corrompre, il a des armes impénétrables, le génie & la probité.

Mais pour montrer ce grand homme

dans toute ſa gloire, traçons le portrait fidele des malheurs où la France étoit réduite, lorſque les finances furent confiées à ſes ſoins. Henri III avoit régné, & dans ſes mains débiles l'Etat ébranlé dans toutes ſes parties avoit touché au moment de ſa ruine: aſſis ſur le trône dans des circonſtances difficiles & dans des temps où la France avoit beſoin d'un Roi, il n'avoit montré qu'une ame foible & noyée dans les plaiſirs; ſans ſoin, mais non pas ſans crainte, le préſent l'accabloit, il redoutoit l'avenir, & manquoit de ce courage qui fait ſoutenir les revers, & de ce génie qui les détourne, ou du moins qui les répare. Sous ſon regne malheureux les plaines arroſées de ſang ne produiſoient plus que des ronces, la licence triomphoit au milieu des ſoupirs & des larmes, & tous les maux enfin dont le Ciel en courroux peut accabler un peuple, étoient le partage des malheureux François. Cependant Henri III entouré de favoris indignes, languiſſoit dans la douleur & la molleſſe : ce n'étoit que pour diſſiper les richeſſes de l'Etat, que pour les employer aux plus condamnables uſages, qu'il ſe ſervoit d'un reſte d'autorité qu'il avoit encore. Son ſucceſſeur trop occupé d'abord pour apporter aux maux des remedes efficaces, les vices augmentoient par l'incapacité, & ſur-tout par la mauvaiſe foi de ſes Miniſtres ; les tréſors ſe trouvoient épuiſés, & ſouvent Henri ſe voyoit contraint de renoncer aux entrepriſes les mieux concertées, de laiſſer échapper les occaſions les plus heureuſes, de refuſer même les ſuccès les plus apparents, manquant des ſommes néceſſaires pour les ſuivre. Qui croiroit, ſi l'Hiſtoire ne le conſacroit dans ſes faſtes, qui croiroit que ce bon Prince étoit lui-même réduit à un état d'indigence méconnu du dernier de ſes ſujets, lorſque ce grand Monarque par les ſoins de Sully eut fait reprendre à la France une face nouvelle ? Pour faire renaître l'abondance parmi les peuples, & pour donner au Roi les moyens de vaincre, un Conſeil des finances fut établi ; mais il ne fit qu'augmenter la miſere du royaume, & n'enrichit point le Souverain : composé d'hommes avides qui ne craignoient point d'arracher aux malheureux leur ſubſiſtance, c'étoit avec une ſorte d'intrépidité barbare qu'il engloutiſſoit toutes les richeſſes de la nation.

Henri qui ſavoit que pour avoir des hommes dans tous les genres, il ne faut aux Rois que l'art de les trouver, chercha celui qui pouvoit faire ceſſer les maux qui déſoloient ſon Empire. Quel grand ouvrage cet homme n'avoit-il pas à entreprendre ? quelles difficultés n'avoit-il pas à ſurmonter pour y parvenir ? Il falloit un de ces génies extraordinaires que le Ciel n'accorde que dans ſa faveur, un de ces génies elevés & ſublimes, abondant en moyens, fécond en reſſources, ſans bornes dans les vues, grand dans les projets, prompt & ſage dans l'exécution ; il falloit un homme laborieux, qui ne s'effrayât point par la longueur, la peine & les dégoûts attachés aux détails ; il falloit une ame aſſez haute, aſſez ferme, aſſez pénétrée de l'amour du bien, pour oſer porter le flambeau ſur la conduite ténébreuſe de ceux à qui l'adminiſtration étoit confiée ; il falloit enfin braver la haine & la vengeance des plus grands Seigneurs du royaume, intéreſſés à ſoutenir les horribles vexations des Miniſtres. Henri trouva dans Sully cet aſſemblage étonnant de qualités rares, & Sully fut placé dans le Conſeil des finances. (*m*) Des murmures s'éleverent, des plaintes furent portées aux pieds du trône, & la calomnie ſe fit entendre. Il n'eſt pas de moyens que le vice ne mette en uſage contre la vertu ; ſon plus affreux tourment eſt de la craindre, ſon plaiſir le plus doux ſeroit de la renverſer : mais toutes les intrigues ſont vaines ; Henri, qui lit au fond des cœurs, y

---

(*m*) Voici le portrait que Péréfixe fait de Sully. Il étoit homme d'ordre, exact, bon ménager, gardoit ſa parole, point prodigue, point faſtueux, point porté à faire de folles dépenſes, ni au jeu, ni en femmes, ni en aucune choſe qui ne convienne pas à un homme élevé en cet emploi : de plus il étoit vigilant, laborieux, expéditif; il donnoit preſque tout ſon temps aux affaires, & peu à ſes plaiſirs ; avec cela il avoit le don de pénétrer ſes matieres juſqu'au fond, & de développer les entortillements & les nœuds dont les Financiers, quand ils ne ſont pas de bonne foi, s'étudient à cacher leurs fripponneries. — P. Matthieu, le Grain, & d'Aubigné même, font de lui pareils éloges.

voit

voit des motifs odieux ; c'eſt avec plus d'éclat qu'il confirme ſon Miniſtre.

Tiré de ſes premiers emplois pour entrer dans une nouvelle carriere, Sully s'enfonce dans la retraite la plus profonde, & ſe met bientôt en état de remplir d'une maniere digne de lui les devoirs d'une charge ſi difficile en elle-même, & qui par les circonſtances l'eſt davantage encore. Toujours gêné par les autres Miniſtres, toujours forcé de vivre dans la défiance, ſans ceſſe en butte à la méchanceté de ſes ennemis, ſans ceſſe environné de leurs pieges, tout n'eſt qu'embûches, tout n'eſt qu'obſtacle autour de lui. Dans une place où la tranquillité de l'ame eſt ſi néceſſaire, il éprouve tout ce qui peut troubler les cœurs. Il ſait que l'envie pour le perdre ourdit les trames les plus odieuſes, il eſt inſtruit des traits que la calomnie lance contre lui, il ſe voit au milieu des orages : mais il brave la tempête ; malgré les vagues en furie, ſon navire ne peut être briſé ; il prend les réſolutions les plus ſages, il forme les projets les plus étendus & les mieux combinés, il exécute les choſes les plus grandes & les plus utiles : mais de quels efforts de génie, de quel prodige de conſtance n'a-t-il pas beſoin ? Amour de la gloire, ou plutôt, amour de la patrie, c'eſt toi ſeul qui peux l'élever ſi fort au deſſus de l'humanité.

Sully, que les difficultés encouragent, voit tout par lui-même, & fait ſuccéder l'ordre à la confuſion ; il s'aſſocie des hommes d'une probité reconnue, (*n*) il charge chacun d'eux de viſiter une Généralité, & va lui-même en viſiter quatre des plus étendues. Il

(*n*) Mrs. de Caumartin & de Bizouze, & deux autres Maîtres des requêtes.

ſe fait apporter tous les comptes, il examine tous les états; & par-tout il ne rencontre que nuages, par-tout il voit que la malverſation s'eſt cachée dans une nuit profonde : cependant à force de travail, il diſſipe les ténebres, & ſaiſit enfin le fil qui conduit dans tous les détours de cet art monſtrueux, dans lequel l'avarice apprend les moyens d'accumuler ſous les voiles épais de l'obſcurité : il punit les adminiſtrateurs coupables, il retire de leurs mains les fonds qu'ils avoient détournés; il revient chargé de richeſſes, mais de richeſſes dont les peuples n'ont point été dépouillés. La ſupériorité qu'il montre, & ſur-tout l'intégrité de ſa conduite, redoublent encore les tourments de l'envie; elle aiguiſe de nouveaux traits, elle prépare de nouveaux poiſons : trop habile pour ſe produire dans les Cours avec toute ſa difformité, on ne l'apperçoit que ſous un maſque perfide qui lui ſert à ſe dérober aux regards les plus pénétrants : verſée dans la ſcience de nuire, elle accorde aux ſuccès des éloges, mais elle ne les donne que pour porter enſuite des coups plus aſſurés. Pendant l'abſence de Sully elle avoit employé contre lui toutes les reſſources de ſon art funeſte avec tant d'adreſſe, que Henri lui-même avoit été ſéduit ; par un ordre poſitif il ſuſpendit le travail de ſon Miniſtre, il le rappella, & le reçut avec une indifférence à laquelle il ne l'avoit pas accoutumé. A la vue des reſſorts qu'on fait agir pour le perdre, & des dégoûts qu'on s'attache à lui donner, de quel zele pour le bien public, de quels efforts ſera-t-il encore capable ? Des mêmes : la vertu eſt ſon guide, il marchera toujours ſur ſes traces. Le retour de la confiance de Henri pour ſon Miniſtre fut le fruit de la vérité reconnue, & Henri ſentit bientôt de quel avantage il étoit pour lui de la lui avoir rendue. Chargé d'un travail immenſe, il y conſacra les jours & les nuits; par les recherches les plus exactes il fut en état de juger des reſſources de la nation, & de connoître les déprédations de la cupidité. Ses collegues tremblerent, lorſqu'ils virent qu'il ne reſteroit plus de voile ſur leur conduite : leurs artifices connus leur devinrent inutiles; (*o*) il ne fut plus pour eux de

(*o*) Le moyen qu'ils employoient plus ordinairement pour attirer à eux les deniers de l'Etat, étoit de faire paroître la dépenſe de l'année courante plus conſidérable que la recette; ils anticipoient ſur l'année ſuivante, & ſucceſſivement ſur les autres, & parvenoient à jeter dans leurs comptes une confuſion ſi grande qu'on ne pouvoit plus les débrouiller : ils tiroient de cette confuſion pluſieurs avantages, d'abord celui de paroître n'avoir que des fonds engagés depuis long-temps, & dont ils feignoient de diſpoſer en faveur des créanciers de l'Etat, en-

moyens honteux de s'enrichir. Les Traitants, ces fléaux de la patrie, furent éloignés. Avidement reçues sous un gouvernement foible, sous un gouvernement sage leurs offres sont toujours rejettées. On sait, lorsque des principes vrais éclairent, que les secours que l'on en tire peuvent bien quelquefois pallier les maux de l'Etat : mais on sait aussi qu'un trop fréquent usage de ces mêmes secours entraîneroit bientôt sa ruine totale.

Etabli chef du Conseil des finances, Sully se servit de son autorité nouvelle

---

suite de se servir de ces mêmes fonds pour acquitter à vil prix d'anciennes dettes, qu'ils portoient en entier sur leurs états, &c. Maisse fut le seul qui seconda les vues de Sully. Il se conduisit avec probité, & lui donna tous les éclaircissements dont il avoit besoin. C'est un devoir de saisir les occasions de citer avec éloge un homme qui s'est conduit par des principes vertueux : l'exemple a plus de force qu'on ne pense.

pour réformer les abus, & pour augmenter les richeſſes de la France; il les adminiſtroit avec ſageſſe, & les employoit avec utilité; il prévoyoit les beſoins, & ſavoit y pouvoir. Le Roi formoit de grands projets, ſon Miniſtre par de grands moyens en facilitoit l'exécution. Henri, qui n'auroit peut-être pas ſongé à reprendre Amiens, s'il n'avoit pas ſu qu'il ſeroit puiſſamment ſecondé, marche & inveſtit cette place à la tête de la plus belle armée qu'il eût commandée; il ſe trouve avec des troupes nombreuſes, avec une artillerie formidable, & ſûr que les ſommes néceſſaires lui ſeront fournies, ſans que des obſtacles ſuppoſés en empêchent l'arrivée. Les ſimples ſoldats ſont eux-mêmes l'objet de l'attention de Sully; les malades & les bleſſés pour la premiere fois trouvent dans les camps les mêmes ſecours qu'ils trouveroient dans les villes. C'étoit par une ame ſenſible, & ſous le regne d'un Roi bienfaiſant, qu'un pareil établiſſement devoit être formé. (*p*)

La paix, ſi néceſſaire à l'Europe, & deſirée depuis ſi long-temps, fut enfin ſignée. Sully, que la ſageſſe de ſes conſeils rendoit l'oracle du trône, fit ſentir à Henri de quel avantage elle étoit pour lui. Il l'engagea à ſacrifier ſon reſſentiment au bonheur des François, il lui fit la peinture des maux affreux qu'une guerre même heureuſe entraîne après elle. Des conquêtes rapides, mais incertaines; des projets vaſtes, mais ruineux; le titre ſuperbe de

(*p*) Pour donner une idée de l'abondance qui régnoit à ce ſiege, d'Aubigné rapporte qu'on diſoit que le Roi avoit mené Paris devant Amiens: c'eſt pendant qu'on l'aſſiégeoit qu'on a commencé d'avoir des hôpitaux à la ſuite des armées. Un pareil établiſſement doit tenir le premier rang parmi ceux qui ſont honneur à l'humanité.

conquérant, mais qu'on n'acquiert qu'en faiſant couler les larmes, & qu'en prodiguant le ſang des hommes, peuvent-ils faire ſupporter à un Roi généreux le cruel ſpectacle que lui offrent ſes provinces dévaſtées, les terres de ſon royaume incultes, ſes tréſors diſſipés, & ſes peuples dans la miſere? Henri, dont la plus forte paſſion étoit de faire la félicité de ſes ſujets, écouta la voix d'un Miniſtre qui ne vouloit que la proſpérité de l'Etat, & il vit les plus glorieux ſuccès couronnés par une paix plus glorieuſe encore.

Sully profita du repos général, mais non pas pour vivre dans l'inaction & dans la tranquillité: il avoit diminué les maux qui déſoloient la France, il voulut les anéantir. Les grandes difficultés accablent les talents médiocres, elles animent les génies. Ils ſont entreprenants, parce qu'ils ſont ſoutenus par le ſentiment de leurs forces. Sully connoiſſoit les ſiennes, il ſavoit qu'il poſſédoit toutes les qualités que la place qu'il occupoit exige; il ſentit la néceſſité de les mettre en uſage. Il avoit plus que des changements à faire, il avoit tout à créer. Les fortifications des places tomboient en ruines, les arcenaux ſe trouvoient dépourvus, l'Agriculture languiſſoit, la Marine n'étoit plus, & le Commerce, qui n'eſt floriſſant que lorſque des flottes puiſſantes le protegent, étoit anéanti.

Le gouvernement d'un grand royaume eſt ſemblable à une machine vaſte & compliquée, l'accord de toutes ſes parties fait ſon entiere perfection; un puiſſant mobile doit leur donner le mouvement, les finances ſont deſtinées à répandre la vie dans toutes les branches de l'adminiſtration: c'eſt donc ſur les finances qu'un Miniſtre doit commencer à porter ſon attention & ſes ſoins. Sully leur conſacra d'abord ſon génie ; mais guidé par la ſageſſe & par l'humanité, il n'employa point de reſſources cruelles, il n'embraſſa point de ſyſtêmes deſtructeurs. Au lieu de ſurcharger par de nouveaux impôts des peuples déjà trop accablés, il ſuivit une voie qui le rapprocha de ſon but, en paroiſſant l'en détourner ; il écouta le cri de la miſere, ſon cœur s'ouvrit aux larmes des infortunés, il devint leur appui ; par des remiſes conſidérables, il les mit en état de payer avec exactitude, & même avec gaieté, les tributs qui leur étoient impoſés. Perſuadé que trente millions perçus dans un royaume riche par ſa propre fécondité, & plus riche encore par l'induſtrie de ſes habitants, ne pouvoient pas le réduire au point de calamité dans lequel il étoit, il chercha la cauſe de la pauvrété publique; il la trouva dans les vexations ſans nombre, dans les vols & dans les violences de tous les dépoſitaires de l'autorité. (*q*) Il vit, & ce fut avec horreur, il vit que trente millions exigés par le Roi, ſervoient de prétexte pour en arracher cent cinquante à la nation; & dans quel temps encore? lorſque épuiſée par ſes malheurs, il ne lui reſtoit plus que ſa patience & ſon zele. Mais dès qu'un grand homme les connoît, les abus ſont détruits.

Trop ferme pour ſe laiſſer toucher par des plaintes injuſtes, trop grand,

(*q*) Par une ordonnance de 1598 il fut défendu de rien exiger des ſujets du Roi au delà de ce qu'ils devoient payer, & enjoint aux Tréſoriers d'informer contre tout ce qui feroit fait au détriment de cette ordonnance. Auparavant les Gouverneurs, les Militaires, les Officiers de Juſtice, & ſur-tout les Financiers, dépouilloient impunément les peuples... *Tiré en partie des Mémoires de Sully.*

trop généreux pour abandonner des projets qui devoient rendre à la France sa prospérité, Sully, sans s'alarmer des cris des Seigneurs & des Partisans, continua ses recherches, & travailla sans relâche à couper le mal dans sa racine. Quelle application ne mit-il pas à chercher les remedes les plus prompts & les plus efficaces, & de quel succès sa constance ne fut-elle pas couronnée! les monopoles cesserent, & par une opération aussi simple que profitable, les sommes imposées passerent sans détour des mains du citoyen dans les trésors de son Roi. (*r*) Henri vit en

(*r*) Les pensionnaires & les créanciers de l'Etat, au lieu de s'adresser aux Trésoriers de l'épargne, se payoient par leurs mains des deniers des fermes sur lesquels on avoit assigné leur paiement : c'étoit là un des effets les plus pernicieux de la licence des temps précédents. Les étrangers, tels que le Roi d'Angleterre, les Suisses, la République de Venise, le Duc de Wirtemberg, & le Duc de Florence, en-

même temps ſes richeſſes devenir immenſes, ſes dettes s'éteindre, & les fortunes de ſes ſujets plus floriſſantes ; il vit la France enfin reprendre une face nouvelle. Semblable auparavant à ces campagnes qui n'offrent aux regards qu'une étendue immenſe & ſtérile, une ſage adminiſtration l'avoit rendue telle qu'une plaine fertile qui charme la vue du voyageur enchanté.

C'eſt aux talents communs qu'on doit accorder des récompenſes vulgaires ; mais l'aſſemblage de toutes les vertus mérite que les Rois s'efforcent à trouver des prix dignes de les cou-

---

vers leſquels le Roi avoit contracté des dettes, en uſoient de la même maniere. Leurs commis, plus avides que ceux du Roi, exerçoient des violences encore plus odieuſes ſur les peuples. Jamais il ne fut d'abus plus honteux & plus nuiſible à l'Etat, que de laiſſer entre les mains des étrangers cette eſpece d'adminiſtration des finances. *Extrait des Mémoires de Sully.*

ronner : Henri rétablit en faveur de son Ministre la charge de Surintendant des finances ; il voulut que l'homme qui les avoit conduites avec une supériorité si frappante, fût revêtu d'une autorité assez grande pour n'avoir plus d'oppositions à redouter ; à cette charge furent jointes celles de Grand-Voyer, d'Intendant des bâtiments, & de Surintendant des fortifications. Quelquefois c'est avec justice qu'on se plaint que la foiblesse ou la bonté des Souverains accumule les graces sur la tête d'un seul favori : mais que Henri doit être exempt de ce reproche ! jamais il n'accorda de grands emplois qu'à ceux qu'il savoit devoir les bien remplir. Sans craindre d'accabler Sully, dont il connoissoit les forces, il le revêtit encore de la charge de Grand-Maître de l'artillerie. Cette partie, plus négligée que les autres, offrit un nouveau champ à ſon zele infatigable ; les Officiers d'alors bien différents de ceux de ce Corps reſpectable que l'étude éclaire, & que l'honneur conduit, étoient ſans talents, ſans mérite, & n'avoient aucune des qualités innombrables que le ſervice de l'artillerie exige. Sully ne veut point de membres inutiles, il les retranche ; il leur donne des ſucceſſeurs capables de reculer les bornes de leur Art, & de faire naître cet eſprit d'émulation qui fait tout animer, & qui ſeul fait arriver à la perfection.

Mépriſant la molleſſe, dédaignant les plaiſirs vains dont s'occupe le vulgaire des mortels, il trouve les vrais plaiſirs dans le bien qu'il peut faire. Il s'établit à l'Arcenal, (*s*) il en fait le temple des Arts guerriers : l'airain y coule,

(*s*) L'Arcenal alors étoit mal bâti, & ſans la moindre commodité.

&

& devient bientôt capable de lancer au loin la foudre : la foudre elle-même s'y prépare... Ah ! pourquoi les hommes ont-ils pénétré un secret qui devroit n'être connu que de la Divinité ? pourquoi l'inſtrument de ſa vengeance eſt-il devenu l'inſtrument de nos crimes ? Gémiſſons de nos fatales découvertes ; mais cependant n'abandonnons pas nos travaux, qu'ils ſervent à faire reſpecter notre puiſſance, qu'ils faſſent craindre aux nations inquietes & jalouſes d'avoir les François pour ennemis.

Tel étoit l'objet de Sully ; mais par une obſtination inſurmontable, le Duc de Savoie le força de tourner contre lui l'artillerie formidable qu'il venoit de créer. (*t*) Remis dans ſa premiere

(*t*) Le Marquiſat de Saluces fut l'occaſion de cette guerre. Il appartenoit légitimement à la France ; mais comme il ne fut rien ſtipulé ſur cet article à la paix de Vervins, le Duc de Savoie en reſta le maître. On lui

ſphere, il y reparut avec un éclat nouveau ; & les barrieres qu'on croyoit impénétrables, furent renverſées, les villes & les forts tomberent en poudre à leur approche, les places regardées comme imprenables ſe rendirent ; & Henri

---

propoſa de mettre l'affaire en arbitrage, & de choiſir le Pape pour Juge. Il craignit que ſa déciſion ne fût pas en ſa faveur, & préféra de venir traiter lui-même avec le Roi. Il chercha, & réuſſit par ſes préſents à ſe faire des créatures dans le Conſeil : mais Sully, qu'il tenta vainement de corrompre, démaſqua ſa conduite & celle de ſes partiſans ; il fut toujours ferme dans l'avis qu'il avoit donné, que le Roi devoit rentrer dans la poſſeſſion du Marquiſat ; & cet avis prévalut.

Les Souverains devroient ſe reſpecter aſſez pour ne pas employer des moyens qui couvriroient de honte des Particuliers. Il eſt indigne d'un Prince de corrompre les Miniſtres d'un autre Prince ; & même il eſt dangereux pour lui de pratiquer cette voie : la baſſe intrigue annonce ordinairement la foibleſſe, & c'eſt un ſecret qu'il faut bien ſe garder de laiſſer pénétrer ; d'ailleurs comment peut-on ne pas rougir d'avoir recours à de pareils artifices, & de faire de la politique l'art des lâches ?

dans moins d'une campagne fut maître des Etats de son ennemi. Le Capitaine qui l'avoit si vaillamment secondé dans sa rapide conquête, fut choisi comme Plénipotentiaire pour en assurer le fruit. Il fit pour la France le traité le plus avantageux; il renonça au Marquisat de Saluces, mais il acquit la Bresse, & tout ce que la Savoie possédoit sur les bords de ce fleuve qui lui servoit auparavant de bornes.

Couvert d'une double gloire, comme guerrier & comme négociateur, il revient augmenter celle dont il jouissoit déjà comme Ministre citoyen. Plus grand & plus utile que ce Romain fameux qui du triomphe alloit sans faste & sans pompe reprendre le soc de sa charrue, il retournoit sans orgueil & sans appareil reprendre le timon des affaires. Il passoit avec facilité du tumulte des camps à la retraite; la vie active qu'il avoit menée comme Général, ne l'empêchoit pas de ſe livrer à la vie ſédentaire qu'il devoit mener comme Miniſtre. Par-tout il ſait trouver les chemins qui conduiſent à la gloire, il ſait en ſuivre toutes les routes. Dans le ſilence du cabinet, il paſſe de nouveau les jours à remettre l'ordre dans les finances, à rendre ſon Roi le plus puiſſant de l'univers, en lui ménageant des reſſources dans les richeſſes, & ſur-tout dans l'amour de ſes peuples; il perfectionne l'art de fortifier les villes, il les approviſionne d'armes & de munitions; il fait reprendre les ouvrages publics, & leur imprime ce caractere de grandeur qui ſe fait admirer dans tous les ſiecles. Des chemins vaſtes & magnifiques traverſent le royaume dans toutes ſes parties, des ponts commodes & ſuperbes ſont élevés, on creuſe des canaux, on réunit les mers; & ce peuple dont on reſpecte encore aujourd'hui les veſtiges, a trouvé des rivaux, il eſt égalé par les François.

Une nouvelle carriere s'ouvre encore au génie & au zele de Sully, c'eſt avec le même ſuccès qu'il la remplit. Il ſe montre aux Anglois tel qu'il a toujours paru à ſes compatriotes éclairés. Cette nation fiere & réfléchie, ſuperbe par tempérament, enorgueillie par l'éclat qu'a répandu ſur elle l'héroïne qui l'a gouvernée, glorieuſe d'avoir produit des hommes dont les lumieres ont éclairé les Sciences & les Arts, & qui par la conſtance de leur travail, & par la profondeur de leurs vues en ont reculé les limites; cette nation trop prévenue pour elle, trop injuſte envers les autres peuples, eſt pourtant forcée d'accorder à un François ſon admiration & ſon eſtime, & de reconnoître que l'Ambaſſadeur de Henri réunit aux vertus tous les caracteres du génie.

Sully connoissoit déjà la Cour d'Angleterre, il y avoit paru sans autre titre que celui d'ami de son Roi ; né pour plaire aux grandes ames, il avoit gagné la confiance de cette Reine qui assise sur un trône environné d'orages, savoit conjurer la tempête, qui connoissoit les droits de son sceptre, & les faisoit respecter. Ministre à la Cour de son successeur, dans les commencements d'un regne dont les principes sont opposés à ceux de la grande Elizabeth, chargé des négociations les plus importantes & les plus difficiles à traiter, il y réussit : malgré les oppositions des Ministres Anglois, malgré les intrigues de l'Espagne, malgré même l'incertitude de Jacques II, il l'éclaire sur ses véritables intérêts, & le force par le pouvoir de la raison à s'unir avec Henri. Il lui fait adopter ce ſyſtême fameux (*u*) qui devoit aſſurer pour toujours la tranquillité de l'Europe, en mettant un frein à l'ambition outrée de cette maiſon, qui ſemblable à ces fleuves qui coulent des Alpes, a comme eux une origine foible, & comme eux eſt parvenue au plus haut degré de puiſſance à force d'engloutir des dépouilles étrangeres. Il fait plus, il éleve l'ame du Roi d'Angleterre, en lui peignant la grande ame de Henri; il fait naître en lui le deſir de marcher ſur les traces du héros dont il devient l'ami. Mais ce Prince trop foible avoit beſoin d'un guide qui pût le conduire

(*u*) Malgré les doutes que quelques Ecrivains ont voulu répandre ſur l'exiſtence du ſyſtême de la balance de l'Europe, il eſt certain qu'il avoit été formé par Henri IV, adopté par la Reine d'Angleterre, & enſuite par Jacques II. On peut conſulter à ce ſujet les Mémoires de Sully, & les ouvrages politiques de l'Abbé de S. Pierre; ils entrent dans le plus grand détail ſur le plan de Henri IV.

dans la carriere qu'il vouloit ſuivre ; Sully, néceſſaire à ſon Roi, ne pouvoit pas long-temps diriger ſes pas : il part enfin, & le laiſſe en proie aux regrets de n'avoir pas, comme Henri, un grand homme pour Miniſtre. De retour en France, dans un temps où le royaume tranquille au dedans de lui-même, n'a plus d'ennemis étrangers, il s'occupe uniquement de la grandeur & de la félicité de ſa patrie. Il reprend ſes vaſtes projets, il exécute les grandes choſes qu'il a imaginées : guidé par une méthode ſûre, il répand la lumiere & la vie ſur toutes les parties du gouvernement, il ne laiſſe aucune branche iſolée, la ſeve circule & coule juſques dans les moindres rameaux ; le Commerce refleurit, la Marine renaît, l'induſtrie ſe ranime, la diſcipline militaire ſe forme, l'Agriculture ceſſe de languir, les finances ne ſont plus un chaos ; &

le royaume de France offre enfin le modele du gouvernement le plus ſage & le plus fortuné. On y voit tout à la fois un Roi qui fit la gloire de ſes peuples, & qui en fait les délices; un Miniſtre qui ſeconde les vues de ſon maître, & des ſujets ſenſibles & reconnoiſſants.

L'amour de nos peres pour un Monarque adoré a paſſé dans nos cœurs, ils nous l'ont tranſmis; & nous apprendrons à nos neveux ce mot que le ſentiment a gravé dans nos ames, & qu'il fera parvenir à la derniere poſtérité; oui nous répéterons, comme nos ayeux nous l'ont répété : *Un Roi régna ſur les François, & ce Roi fut leur pere...* il les aima avec tendreſſe : il ne ſe laſſoit point de dire : „ Mes ſujets ſont „ mes enfants; je dois m'occuper d'eux, „ & travailler à leur bonheur. " Nous répéterons que ce Roi eut un Miniſtre pénétré d'amour pour lui, pénétré d'amour pour la nation, qui fit respecter sa conduite & bénir son ministere, qui connut le premier les principes par lesquels on doit gouverner la France, qui eut le génie qui fait imaginer les grandes choses, & les vertus qui les font exécuter, sans exciter de plaintes, sans faire couler de larmes, qui mit enfin le sceau à la gloire de Henri & au bonheur de la nation. Qu'elle devoit être pure cette gloire! avec quelle volupté le Souverain & le Ministre ne devoient-ils pas en jouir! elle étoit la récompense des vertus les plus sublimes; elle étoit un prix que la patrie, d'une voix unanime, avoit décerné à deux hommes qui avoient de commun avec l'Etre suprême d'avoir fait le bonheur de tous. Oui, grands hommes, dans tous les siecles, & chez toutes les nations, votre vie servira de modele. Henri!

les inſtituteurs des Rois donneront dans tous les temps à leurs auguſtes éleves tes actions pour exemple. Sully ! ta conduite ſera toujours offerte à l'émulation des Miniſtres ; leur réputation dépendra du degré de reſſemblance qu'ils auront avec toi. Heureuſes ſeront les régions gouvernées par des génies qui marcheront ſur tes traces ! la paix ou la victoire, mais ſur-tout la proſpérité, ſeront leur partage.

Mais quel ſouvenir douloureux ! ô moment exécrable ! que ne peut-on t'enſevelir dans les ténebres du plus profond oubli !.... du moins ne retraçons pas un événement dont le récit exciteroit de nouveau les gémiſſements & les ſanglots... ne montrons point Sully verſant des larmes de ſang... ce tableau tracé à des François, même aujourd'hui que des ſiecles ſe ſont écoulés, briſeroit encore leurs cœurs... ménageons leur ſenſibilité, & montrons-leur un nouveau ſpectacle digne de les intéreſſer ; c'eſt ce même Sully privé de l'appui de ſon Roi que je ramene à leurs yeux. D'une vertu trop auſtere pour ſe plier aux ſoupleſſes des courtiſans, d'un caractere trop élevé, trop ferme, pour deſcendre à la baſſeſſe de l'intrigue, trop au deſſus du vulgaire des Miniſtres pour chercher à ſe maintenir par d'autres moyens que ceux que la grandeur met en uſage, il ſe trouve ſous un regne nouveau, n'ayant pour tout ſoutien que ſes vertus. Sous le regne de Henri, ce ſoutien étoit inébranlable ; mais il ceſſe de l'être, d'autres principes ſont adoptés : ce n'eſt plus en Sully qu'on a confiance, il n'eſt plus par ſes conſeils la lumiere du trône, enfin il s'éloigne, mais ſans marquer de douleur, ſans laiſſer entendre de plaintes. C'étoit en citoyen, c'étoit en grand homme qu'il avoit rempli ſes places ; c'eſt en grand homme, c'eſt en citoyen qu'il les abandonne. Dans un temps où la révolte eſt la ſuite de la diſgrace, dans un ſiecle où les grands Seigneurs offenſés deviennent chefs de parti, & font quelquefois trembler leur Souverain, il part, & la tranquillité l'accompagne ; il emporte avec lui la réſolution de ne jamais refuſer d'être utile ; il eſt toujours François, ſon génie, ſon zele & ſes talents ſeront toujours à la France.

Après avoir admiré ce grand homme comme guerrier & comme Miniſtre, jetons un coup d'œil rapide ſur ſa vie privée. Il peut (choſe plus rare qu'on ne penſe) ſoutenir dans l'intérieur de ſa famille la ſévérité des regards. Les vertus éclatantes qu'exigent les grands emplois ſont peut-être moins pénibles pour les grands hommes que les vertus journalieres & obſcures, qui font le bonheur de ceux qui les environnent ; la gloire qu'ils ont en perſpective les anime dans l'exercice des premieres, le mérite de les pratiquer eſt la ſeule récompenſe des autres ; les unes font retentir l'univers de leur nom, les autres enſevelies dans l'enceinte de leurs murs ajoutent rarement à leur réputation : mais Sully, dont les actions & la conduite feront l'admiration de tous les ſiecles, eſt juſques dans ſa retraite fait pour intéreſſer tous les hommes. Sans les qualités du cœur, il n'en eſt point de véritablement grands : Sully les raſſembla toutes. Ce fut juſqu'à l'héroïſme qu'il porta l'amitié, ce fut juſqu'au dernier inſtant de ſa vie qu'il fut pénétré de tendreſſe pour une épouſe reſpectable qui méritoit ſon amour. Les égards & la confiance, le plaiſir de ſe voir, l'habitude d'être enſemble leur faiſoit trouver chaque jour de nouveaux charmes dans leur union. Pere aussi tendre, qu'ami zélé, & qu'époux estimable, son ame étoit partagée entre tous les sentiments que la nature inspire, & qu'approuve la vertu.

Il est des caracteres trop élevés, trop inébranlables, pour que les circonstances puissent les altérer. César est fait prisonnier par des corsaires, & César leur dicte des loix. Sully avoit joui de la confiance & de l'amitié du plus auguste Monarque ; son génie avoit, pour ainsi dire, conduit toutes les affaires de l'Europe, & fait la gloire de la France : la disgrace est le prix de ses travaux ; mais elle lui donne un nouveau lustre, il reste toujours le même, il soutient les revers avec le même courage qui lui servit auparavant à surmonter les obstacles, il conserve dans la retraite les vertus qu'il fit briller auprès du trône, il gouverne ses immenses revenus avec le même eſprit d'ordre qu'il gouvernoit les richeſſes de l'Etat ; l'économie lui fournit les moyens de multiplier les ſecours que ſon cœur aime à répandre : toujours conduit par les plus reſpectables principes, il fait de ſa maiſon l'aſyle des mœurs, le temple de la décence, le ſéjour de la paix. C'eſt en donnant l'exemple lui-même, qu'il fait obſerver les loix qu'il impoſe ; ſon ame généreuſe ſent accroître le deſir de faire le bien par le bien même qu'elle a fait ; il s'occupe de la félicité de ſes nombreux vaſſaux, il leur fait goûter tous les charmes de l'aiſance ; il fait vivre les habitants de la campagne, mais c'eſt en les occupant, mais c'eſt en leur faiſant plutôt entreprendre des ouvrages inutiles, qu'en les laiſſant languir dans une pernicieuſe oiſiveté. (*x*) Auſſi

(*x*) On voit encore aujourd'hui dans les environs du château de Villebon des amas de terres

éclairé que ſenſible, ce n'eſt pas par des dons ſtériles & nuiſibles qu'il écarte la miſere ; il ne ſait point entretenir la pareſſe, il ſe reprocheroit de favoriſer l'indolence ; c'eſt à l'activité, c'eſt aux malheurs qu'appartiennent ſes bienfaits.

Toujours animé par le goût du travail, toujours pénétré de l'amour du bien public, il porte ſa vue ſur les ſiecles futurs, & il entreprend d'être encore utile aux races à venir. Il rédige ſes Mémoires, & il laiſſe un monument de ſon génie & de ſes vertus : monument éternel, livre de toutes les nations & de tous les temps, où les Rois & les Miniſtres pourront s'inſtruire du grand art d'acquérir une gloire

---

rapportées, non ſeulement inutiles, mais même déſagréables à la vue. Lorſqu'on demandoit au Duc de Sully par quel motif il les faiſoit élever ; „ Je „ n'ai, répondoit-il, que celui de ne pas laiſſer oiſifs „ des gens qui peuvent travailler.

immortelle, de l'art divin de rendre les peuples heureux.

O Sully! ô grand homme! pardonne si mes foibles expressions n'ont pas répondu à l'enthousiasme que tu m'inspires: c'étoit par ces traits impétueux nés de l'impulsion du génie que tu devois être loué; le sentiment aux pieds de ta statue devoit produire ces mouvements sublimes que lui seul il inspire: c'étoit à des ames telles que celles de (*y*) César & du Czar Pierre qu'il appartenoit de faire ton éloge. Mais il est gravé en caracteres ineffaçables dans le cœur des

---

(*y*) César pleura aux pieds de la statue d'Alexandre; & le Czar Pierre voyant celle du Cardinal Richelieu, change tout-à-coup de visage, ses yeux s'enflamment, & transporté par le génie, il s'écrie: *O grand homme, que n'es-tu encore en vie! je te donnerois la moitié de mes Etats, pour apprendre de toi à gouverner l'autre.*

François : ton nom seul (z) rappelle l'idée de tous les talents & de toutes les vertus.

(z) Le Duc de Sully étoit né en 1559 au château de Rosny, dont il portoit le nom avant que Sully eût été érigé en sa faveur en Duché. Il mourut à Villebon en 1641 : ainsi il avoit vu régner sept Rois en France.

FIN.

www.ingramcontent.com/pod-product-compliance
Lightning Source LLC
LaVergne TN
LVHW010035230826
846091LV00005B/1718
* 9 7 8 2 0 1 3 4 5 3 9 6 7 *